JOSÉ MARÍA FERNÁNDEZ LUCIO, SSP

El Santo Rosario

Para obtener auxilio y misericordia divina

SAN PABLO

© SAN PABLO 2024
  Protasio Gómez, 11-15. 28027 Madrid
  Tel. 917 425 113
  secretaria.edit@sanpablo.es
  www.sanpablo.es

Texto: José María Fernández Lucio, SSP
Editor: José Ignacio Pedregosa, SSP

Distribución: SAN PABLO. División Comercial
Resina, 1. 28021 Madrid * Tel. 917 987 375
ventas@sanpablo.es
ISBN: 978-84-285-7113-5
Depósito legal: M. 7.928-2024
Impreso en Artes Gráficas Gar.Vi. 28970 Humanes (Madrid)
Printed in Spain. Impreso en España

Introducción

El Rosario es una oración muy arraigada en la devoción popular y ¡ojalá se afiance más cada día! En los momentos que atravesamos –pandemia, guerras, terremotos y catástrofes de todo género–, el rezo y la reflexión de los misterios del Rosario pueden ofrecer un poco de luz en medio de tanta noche.

En las manos y de la mano de María nos confiamos a ella como se confió Jesús desde la Encarnación hasta la Ascensión. Nos la dio como Madre en la cruz y la constituyó como Madre de la Iglesia en Pentecostés.

Cuando la Virgen se apareció al indio Juan Diego le dijo: «¿No estoy yo aquí que soy tu madre?» y el papa Francisco comenta estas palabras: «Es hermoso, esto, la Virgen muchas veces, cuando estamos desolados, tristes, en dificultades, también nos dice a nosotros en el corazón: "¿No estoy yo aquí, que soy tu madre?". Siempre cerca para consolarnos y darnos fuerzas para seguir adelante».

El papel de María en la historia de la salvación es y ha sido siempre el mismo: darnos a Jesús, llevarnos a Jesús cuando nos desviamos, pues Jesús es la razón de nuestra existencia.

Los pasajes bíblicos que se nos ofrecen en el inicio de cada misterio deben ser escuchados con la seguridad de que son palabra de Dios para mí, hoy. La disposición ha de ser de escucha, es decir, hay que dejar que Dios nos hable recordando que la «escucha y la meditación se alimentan del silencio». Trabajo este bastante difícil en una sociedad de tanto ajetreo que nos impide pararnos e interiorizar.

El Rosario debe convertirse en una oportunidad sorprendente para acercarnos a Dios y así conocerlo mejor. Tal y como dice la Carta a los hebreos:

Acerquémonos, pues, con confianza al trono de la gracia, a fin de obtener misericordia y hallar la gracia del auxilio oportuno (4,16).

Misterios gozosos

$\diamond\!\!\!\diamond\!\!\!\diamond$

Dios, en la Redención quiere servirse de sus criaturas y para ello elige a María, la humilde joven de Nazaret a la que antes ha dotado de virtudes especiales; la cual, en el ofrecimiento para ser madre de Dios, pronuncia su «sí»: «Hágase en mí, según tu Palabra». Y se realiza en ella la Encarnación del Hijo de Dios. El gran misterio escondido desde antiguo y ahora revelado. María es la mujer de la entrega a Dios y a la humanidad.

Estos cinco misterios gozosos (que se rezan lunes y sábado) nos hablan de la gracia derramada en nuestros corazones. «Jesús no nos dice algo sobre Dios, no habla simplemente del Padre, sino que es revelación de Dios, porque es Dios, y de este modo nos revela el rostro de Dios» (Benedicto XVI).

Cada uno de los encabezamientos de estos cinco misterios están tomados del evangelio de Lucas, el cual quiere responder a los interrogantes que se hacían sus contemporáneos acerca de la procedencia de Jesús; y quiere dejarnos claro, que Jesús es Hijo de Dios desde siempre.

Primer misterio
El ángel Gabriel fue enviado por Dios

A los seis meses envió Dios al ángel Gabriel a una ciudad de Galilea, llamada Nazaret, a una joven virgen, prometida de un hombre descendiente de David, llamado José. La virgen se llamaba María (Lc 1,26-27).

Puntos de meditación
- *María es la mujer del silencio y de la escucha.*
- *Mujer de fe en Dios: «Hágase en mí según tu Palabra».*
- *Mujer modelo de entrega a los demás.*
- *En María se hace presente realmente Jesús: Madre de Dios.*

Oración: Dios todopoderoso, acrecienta nuestra fe, por intercesión de María, para que sepamos reconocer tu presencia en los acontecimientos diarios de nuestra vida.

SEGUNDO MISTERIO
María se levantó y se puso en camino para visitar a su prima Isabel

Unos días después María se dirigió presurosa a la montaña, a una ciudad de Judá. Entró en casa de Zacarías y saludó a Isabel (Lc 1,39-40).

Puntos de meditación
- *María es la Mediadora de la Gracia.*
- *María se dirige presurosa a la casa de Zacarías e Isabel.*
- *Donde entra María no va sola, lleva a Jesús.*
- *Con María y Jesús hay alegría, gozo, bendición.*

Oración: Dios todopoderoso y misericordioso, que mostraste a María, en la Encarnación de tu Hijo, tu inmenso amor al hombre que creaste, ayúdanos a levantarnos y ponernos en camino para salir al encuentro de nuestros hermanos más necesitados.

Tercer misterio
El nacimiento de Jesús

Por aquellos días salió un decreto de César Augusto para que se empadronara todo el mundo. Este es el primer censo que se hizo siendo Cirino gobernador de Siria. Todos iban a empadronarse, cada uno a su ciudad.

También José, por ser descendiente de David, fue desde la ciudad de Nazaret de Galilea a Judea, a la ciudad de David, que se llama Belén, para empadronarse con María, su mujer, que estaba encinta. Mientras estaban allí se cumplió el tiempo del parto, y dio a luz a su hijo primogénito; lo envolvió en pañales y lo reclinó en un pesebre (Lc 2,1-7a).

Puntos de meditación
- *En el nacimiento de Jesús, se realiza el cumplimiento de las profecías.*
- *Con el nacimiento de Jesucristo, la revelación de Dios alcanza su cumbre, su plenitud.*
- *Jesús es Dios con nosotros.*
- *Esta presencia de Dios se prolonga en la historia.*

Oración: Oh Dios, que tanto amaste al mundo que le ofreciste a tu único Hijo, haz que comprendamos que Jesús nace cada día en la vida de cada uno de nosotros y ayúdanos a llevarlo a todas aquellas personas que están necesitadas de tu misericordia.

Cuarto misterio
La purificación de María y la presentación de Jesús en el templo

Cuando se cumplieron los días de la purificación, según la ley de Moisés, lo llevaron a Jerusalén para ofrecerlo al Señor, como está escrito en la ley del Señor: «Todo varón primogénito será consagrado al Señor, y para ofrecer el sacrificio según lo ordenado en la ley del Señor: un par de tórtolas o dos pichones». Había entonces en Jerusalén un hombre llamado Simeón, justo y piadoso, que esperaba la liberación de Israel: El Espíritu Santo estaba en él, y le había anunciado que no moriría sin ver al mesías del Señor (Lc 2,22-26).

Puntos de meditación
- *José y María son modelos del cumplimiento de la ley.*

- *Jesús es presentado en el templo para ser consagrado a Dios.*
- *Jesús está puesto como signo de contradicción para que muchos caigan y se levanten.*
- *Vivamos y actuemos según nuestra condición de cristianos.*

Oración: Dios todopoderoso, que revelaste a tu Hijo como niño al profeta Simeón, concédenos también, por mediación de José y de María, tener siempre ante nuestros ojos a Jesús, luz de los pueblos, y así vivir cada acontecimiento de nuestra vida en tu presencia y en tu gloria.

Quinto misterio
Jesús perdido y hallado en el templo

El niño crecía y se fortalecía, lleno de sabiduría, y la gracia de Dios estaba con él. Sus padres iban todos los años a Jerusalén por la fiesta de la Pascua. Cuando tuvo doce años, fueron a la fiesta, como era costumbre (Lc 2,40-42).

Puntos de meditación

- *Todos debemos hacer la voluntad de Dios.*
- *Dios se manifiesta en los acontecimientos humanos.*
- *La sagrada familia vuelve a la vida ordinaria de Nazaret.*
- *Jesús crecía en edad, sabiduría y gracia.*

Oración: Oh Dios todopoderoso, que quisiste que tu Hijo Jesús tuviera una vida como la nuestra, concédenos crecer en nuestra vida cotidiana en sabiduría y en gracia, ante ti y ante los hombres.

Misterios luminosos

«**Y**o soy la luz del mundo. El que me siga no andará en tinieblas, sino que tendrá la luz de la vida» (Jn 8,12). «Vosotros sois la luz del mundo» (Mt 5,14).

Misteriosas y grandiosas estas palabras que Jesús dijo de sí mismo y de nosotros. Sobre todo para que tengamos en cuenta que la luz no se guarda aislada, sino que debe ser compartida, encendiendo otras luces.

Jesús es la fuente de todas las luces del mundo. Nosotros, en cambio, experimentamos una y otra vez el esfuerzo de nuestro día a día; y el error personal a pesar de nuestras buenas intenciones.

En estos cinco misterios (que se rezan los jueves) reflexionamos sobre tres sacramentos: el Bautismo, el Matrimonio y la celebración Eucarística, así como sobre el cielo –del que tan poco se habla a pesar de ser el fin de nuestra vida mediante la posesión de Dios– y la Transfiguración de Jesús.

PRIMER MISTERIO
El Bautismo de Jesús

Yo os bautizo en agua para que os arrepintáis; pero el que viene detrás de mí es más fuerte que yo, y yo no soy digno de descalzarle las sandalias. Él os bautizará con Espíritu Santo y fuego (Mt 3,11).

Puntos de meditación
- *El Espíritu Santo «quema» en nosotros todo rastro de pecado.*
- *El Bautismo nos convierte en hijos de Dios.*
- *Del agua y del Bautismo renacemos a la gracia.*
- *Con el Bautismo comenzamos a formar parte de nuestra Iglesia.*

Oración: Concédenos, Señor Dios nuestro, redescubrir cada día la inmensa gracia de nuestro Bautismo, el cual nos ha dado la posibilidad de vivir nuestra vida en Cristo, con la libertad de la gloria de los hijos de Dios.

Segundo misterio
La madre de Jesús estaba allí, invitada a la boda en Caná

Tres días después hubo una boda en Caná de Galilea, en la que estaba la madre de Jesús. Invitaron también a la boda a Jesús y a sus discípulos. «Haced lo que él os diga» (Jn 2,1.5).

Puntos de meditación
- *Nunca en una boda se dio un mejor regalo.*
- *Jesús es generoso en sus dones.*
- *Haced lo que él os diga.*
- *Todas las gracias que nos son concedidas las recibimos a través de María.*

Oración: Oh Dios, que por la transformación del agua en vino has dado a los discípulos de tu Hijo una fe mayor, concédenos, al contemplar este misterio, la transformación de nuestras vidas y crecer en la confianza, la esperanza y el amor.

TERCER MISTERIO
El anuncio del Reino invitando a todos a la conversión

Después de ser Juan encarcelado, Jesús fue a Galilea a predicar el Evangelio de Dios; y decía: «Se ha cumplido el tiempo y el reino de Dios está cerca. Arrepentíos y creed en el Evangelio» (Mc 1,14-15).

Puntos de meditación

- *Sin conversión no entraremos en el Reino de los cielos.*
- *No nos desanimemos si nos parece que no hemos encontrado el Reino, vivamos en continua conversión.*
- *Lo acontecimientos de la vida diaria nos señalan el camino hacia el Reino.*
- *El Reino es la participación de la vida divina en Cristo.*

Oración: Señor Dios nuestro que nos muestras el camino hacia tu Reino en las bienaventuranzas para convertirnos en hijos tuyos, haz que la presencia de María en nuestra vida nos facilite el trayecto.

CUARTO MISTERIO
La Transfiguración del Señor

Seis días después Jesús tomó consigo a Pedro, a Santiago y a Juan, y los llevó a un monte alto a solas. Y se transfiguró ante ellos (Mc 9,2).

Puntos de meditación
- *La inmensa belleza de Dios.*
- *La Transfiguración constituye la confirmación de nuestra fe.*
- *El monte nos pone en contacto con la divinidad.*
- *Jesús nos enseña la contemplación cristiana.*

Oración: Dios todopoderoso, en Jesús que sube al monte a orar y allí se transfigura delante de sus discípulos, concédenos un espíritu contemplativo con el que nunca abandonemos la oración, ni el compromiso hacia nuestros hermanos.

QUINTO MISTERIO
La institución de la Eucaristía

«Yo soy el pan vivo bajado del cielo. El que coma de este pan vivirá eternamente; y el pan que yo daré es mi carne por la vida del mundo». Los judíos discutían entre ellos: «¿Cómo puede este darnos a comer su carne?». Jesús les dijo: «Os aseguro que si no coméis la carne del hijo del hombre y no bebéis su sangre no tendréis vida en vosotros. El que come mi carne y bebe mi sangre tiene vida eterna y yo lo resucitaré en el último día» (Jn 6,51-54).

Puntos de meditación
- *La institución de la Eucaristía nos muestra el amor de Jesús hasta el extremo.*
- *La Eucaristía nos indica que Jesús quiere estar presente en nuestra existencia terrena.*
- *¿Con qué disposiciones me acerco a la celebración Eucarística?*
- *La eucaristía es el pan de los fuertes, antídoto de nuestra debilidad.*

Oración: Oh Dios, Padre, que en los últimos momentos de la vida terrena de tu Hijo nos dejaste los tesoros infinitos de su cuerpo y de su sangre, fuente de comunión con él y contigo, concédenos amarnos como Jesús nos amó, para que el mundo crea en ti.

Misterios dolorosos

❖ ❖ ❖

En estos cinco misterios (que se rezan martes y viernes) se ponen de manifiesto los padecimientos de Jesús. En algunos momentos de nuestra vida, tal vez, hemos pensado que el dolor y el sufrimiento nos hacían más santos y más semejantes a Jesús; sin embargo, sabemos que el dolor y el sufrimiento, por sí solos, en modo alguno redimen, son puro masoquismo: «Aunque, entregara mi cuerpo a las llamas [...] si no tengo amor, nada soy» (1Cor 13,3). Dios nos salvó por amor, aunque para esto, sometiera a su Hijo a toda clase de sufrimientos. Dios no quiere la muerte del pecador, sino que se convierta y viva. La muerte, para el cristiano, es el pecado. Dios es el Dios de la vida. «Porque la gloria de Dios es el hombre vivo, y la vida del hombre es la visión de Dios» (san Ireneo). La cruz será siempre expresión sublime de un amor incondicional que se entrega.

PRIMER MISTERIO

Empezó a sentir terror y angustia mientras oraba en el huerto de los Olivos

Llegaron al huerto llamado Getsemaní, y dijo a sus discípulos: «Quedaos aquí mientras voy a orar». Tomó consigo a Pedro, a Santiago y a Juan, y comenzó a sentir terror y angustia; y les dijo: «Me muero de tristeza; quedaos aquí y velad conmigo» (Mc 14,32-34).

Puntos de meditación
- *Es necesario que uno muera por el pueblo.*
- *Jesús asume sobre sí mismo todos los pecados del mundo.*
- *Jesús afronta todas las pruebas con coraje y abiertamente.*
- *Velad y orad para no caer en la tentación.*

Oración: Dios, Padre misericordioso, que abrazar la cruz de Cristo nos haga capaces de compartir otras cruces, ser realmente conscientes del espanto y angustia de nuestros contemporáneos, haciéndonos salir de nuestros egoísmos, para que sepamos cuidar con gestos, acciones y palabras a los que nos rodean, abriéndolos a la esperanza y a la vida.

Segundo misterio
La flagelación de Jesucristo

Entonces puso en libertad a Barrabás y les entregó a Jesús, después de azotarlo, para que fuera crucificado (Mt 27,26).

Puntos de meditación
- *Jesús, es siempre el Salvador.*
- *Jesucristo es guía de nuestra salvación, perfeccionando y consagrando el sufrimiento.*
- *Pilato tiene miedo a enfrentarse a sí mismo y saber la verdad.*
- *Mirando a Jesús flagelado sabemos reconocer nuestras debilidades e infidelidades.*

Oración: Dios todopoderoso, que en las pruebas sufridas por Jesús nos haces considerar su grandeza y nuestra pequeñez, concédenos no ceder nunca ante la verdad y el bien por miedo al sufrimiento.

La coronación de espinas

Luego los soldados del gobernador llevaron a Jesús al pretorio y reunieron en torno de él a toda la tropa. Lo desnudaron, le vistieron una túnica de púrpura, trenzaron una corona de espinas y se la pusieron en la cabeza, y una caña en su mano derecha; y, arrodillándose delante, se burlaban de él, diciendo: «¡Viva el rey de los judíos!» (Mt 27,27-29).

Puntos de meditación
- *Ninguna dolorosa situación humana queda sin sentido.*
- *Cuántas cualidades desperdiciadas por no ponerlas al servicio del Evangelio.*
- *Es conveniente pensar siempre positivamente, pero con realismo.*
- *Amor en los pensamientos y no el odio, el mal o la envidia.*

Oración: Dios todopoderoso, haz que todos nuestros pensamientos obras y acciones estén al servicio de tu Reino, que nunca tendrá fin.

CUARTO MISTERIO
La subida al Calvario

Jesús quedó en manos de los judíos y, cargado con la cruz, salió hacia el lugar llamado la *calavera,* en hebreo Gólgota (Jn 19,17).

Puntos de meditación
- *Jesús afronta con entereza su padecimiento.*
- *Cada uno de nosotros tenemos que llevar nuestra propia cruz diaria.*
- *Solo son verdaderamente redentoras, si llevamos nuestras «cruces» con Jesús.*
- *Que cuando caigamos nos levantemos y sigamos caminando.*

Oración: Dios, Padre nuestro, que acompañaste a tu Hijo en el camino del Calvario, ayúdanos a comprender la capacidad redentora y salvadora de la cruz y a gustar el amor infinito que nos tienes.

Quinto misterio
Jesús muere en la cruz

Estaban en pie junto a la cruz de Jesús su madre, María de Cleofás, hermana de su madre, y María Magdalena. Jesús, al ver a su madre y junto a ella al discípulo preferido, dijo a su madre: «Mujer, ahí tienes a tu hijo». Luego dijo al discípulo: «Ahí tienes a tu madre». Y desde aquel momento el discípulo se la llevó con él (Jn 19,25-27).

Puntos de meditación

- *Jesús agoniza junto al sufrimiento de cada persona hasta el fin del mundo.*
- *Al entregar su vida, Jesús siente, en cierto modo, la soledad.*
- *La ofrenda de Jesús, por todos nosotros, es inmediatamente eficaz.*
- *Cristo nos entrega a su Madre como madre nuestra.*

Oración: Oh Dios, que en la muerte de tu Hijo en la cruz manifestaste al mundo tu voluntad de salvación hacia todos nosotros, haz que, ayudados por María, seamos para Jesús discípulos amados.

Misterios gloriosos

Los misterios gloriosos recuerdan la Resurrección de Cristo y se rezan los miércoles y los domingos. «La Resurrección de Cristo nos asegura que ningún poder adverso podrá jamás destruir la Iglesia» (Benedicto XVI), pues él nos dijo: «Yo estoy con vosotros todos los días hasta el fin del mundo» (Mt 28,20). La resurrección es un «sí» a Dios y un «no» a la infidelidad del ser humano. Nos dice que el mal y la muerte no tienen la última palabra, que Cristo, con su Resurrección, anticipó la nuestra.

El proyecto de nuestra vida va más allá del momento presente: hasta descansar en Dios. Una vez más, Benedicto XVI nos avisa de «que el hombre necesita una esperanza que vaya más allá. El mismo Dios es el fundamento».

Primer misterio
La Resurrección de nuestro Señor Jesucristo

El ángel dijo a las mujeres: «No os asustéis. Buscáis a Jesús nazareno, el crucificado. Ha resucitado. No está aquí. Ved el sitio donde lo pusieron. Id, decid a sus discípulos y a Pedro que él irá delante de vosotros a Galilea. Allí lo veréis, como él os dijo» (Mc 16,6-7).

Puntos de meditación
- *«No está aquí, ha resucitado».*
- *La Resurrección de Jesús y la nuestra.*
- *Jesucristo es la verdadera fuente de nuestra alegría y de nuestra paz.*
- *Busquemos las cosas de arriba, donde está Cristo.*

Oración: Oh Dios, que quisiste que tu Hijo Jesucristo resucitara del sepulcro, concédenos orar y trabajar para que todos los seres humanos se salven y lleguen al conocimiento de la Verdad que es Jesús.

SEGUNDO MISTERIO
La Ascensión del Señor

No estéis angustiados. Confiad en Dios, confiad también en mí. En la casa de mi Padre hay sitio para todos; si no fuera así, os lo habría dicho; voy a prepararos un sitio. Cuando me vaya y os haya preparado el sitio, volveré y os llevaré conmigo, para que, donde yo estoy, estéis también vosotros; ya sabéis el camino para ir adonde yo voy.

Tomás le dijo: «Señor, no sabemos adónde vas, ¿cómo vamos a saber el camino?».

Jesús le dijo: «Yo soy el camino, la verdad y la vida. Nadie va al Padre sino por mí» (Jn 14,1-6).

Puntos de meditación
- *Padre, este es mi deseo: que los que creyeron en mí estén conmigo.*
- *Jesús volverá como lo habéis visto subir.*
- *Jesucristo no se desentiende de nosotros, camina a nuestro lado.*
- *El Señor conoce nuestro trabajo y sus dificultades y viene a nuestro encuentro.*

Oración: Oh Dios, concédenos que mientras caminemos por las calles de este mundo y habitemos en los hogares de la humanidad, contemplemos a tu Hijo Jesús siempre presente junto a nosotros.

Tercer misterio
La venida del Espíritu Santo

Al llegar el día de Pentecostés, estaban todos juntos en el mismo lugar. De repente un ruido del cielo, como de viento impetuoso, llenó toda la casa donde estaban. Se les aparecieron como lenguas de fuego, que se repartían y se posaban sobre cada uno de ellos. Todos quedaron llenos del Espíritu Santo y comenzaron a hablar en lenguas extrañas, según el Espíritu Santo les movía a expresarse (He 2,1-4).

Puntos de meditación
- *El Espíritu Santo vence nuestros miedos.*
- *El amor es fruto del Espíritu Santo.*
- *El Espíritu Santo guía a la Iglesia.*
- *El Espíritu Santo derrama sobre nosotros sus siete dones.*

Oración: Oh Dios, que nos visitaste con tu Espíritu de fuego y viento impetuoso mientras orábamos con María en el Cenáculo y junto con los apóstoles, ven hoy de nuevo a visitarnos y a disipar nuestras vacilaciones, transformándonos en testigos del Evangelio.

Cuarto misterio
La Asunción de nuestra Señora

Todas las generaciones me llamarán bienaventurada porque el Señor ha hecho obras grandes en mí (Lc 1,48-49).

Puntos de meditación
- *María ha cumplido con creces su misión.*
- *María es la más destacada oyente de la Palabra.*
- *María es la primera evangelizadora.*
- *Nosotros nos asemejaremos a María si escuchamos y vivimos la Palabra.*

Oración: Oh Dios, que acogiste a María en el cielo, haz que nosotros con su ayuda escuchemos verdaderamente tu Palabra y demos testimonio de nuestra fe.

Quinto misterio
María coronada de doce estrellas

Una gran señal apareció en el cielo: una mujer vestida del sol, con la luna bajo sus pies y una corona de doce estrellas en la cabeza (Ap 12,1).

Puntos de meditación
- *María es coronada como reina del universo.*
- *Nosotros estamos llamados a reinar con María.*
- *Que desaparezca de nosotros toda tristeza pues María está junto a nosotros vestida de sol.*
- *Vivamos una vida santa para vivir en el amor de Dios y, por medio de María, darlo a los demás.*

Oración: Oh Dios, que según tu plan de salvación quisiste que fuéramos engendrados a la vida de la gracia por mediación de María, por su exaltación al cielo, concédenos perseverar en la vida cristiana y dar frutos de buenas obras.

Oremos

Te pedimos, Señor, nos concedas a nosotros, tus siervos, gozar de perpetua salud de alma y cuerpo, y por la gloriosa intercesión de la bienaventurada siempre Virgen María, seamos libres de las tristezas presentes y gocemos de la eterna alegría. Por Jesucristo, nuestro Señor. Amén.

***

El Rosario se puede concluir con esta última oración o con las letanías de la Virgen:

Ruega por nosotros, Santa Madre de Dios.
Para que seamos dignos de alcanzar las promesas de nuestro Señor Jesucristo.

Letanías de la Virgen

Señor, ten piedad.
Cristo, ten piedad.
Señor, ten piedad.

Señor, ten piedad.
Cristo, ten piedad.
Señor, ten piedad.

Cristo, óyenos.
Cristo, escúchanos.

Cristo, óyenos.
Cristo, escúchanos.

Dios, Padre celestial,
ten misericordia de nosotros.
Dios, Hijo, Redentor del mundo,
Dios, Espíritu Santo,
Trinidad Santa, un solo Dios,

Santa María,
ruega por nosotros.

Santa Madre de Dios,
Santa Virgen de las vírgenes,
Madre de Cristo,
Madre de la Iglesia,
Madre de la misericordia,
Madre de la divina gracia,
Madre de la esperanza,
Madre purísima,
Madre castísima,
Madre y virgen,
Madre santa,
Madre inmaculada,
Madre amable,
Madre admirable,
Madre del buen consejo,
Madre del Creador,
Madre del Salvador,
Virgen prudentísima,
Virgen digna de veneración,
Virgen digna de alabanza,
Virgen poderosa,
Virgen clemente,
Virgen fiel,
Ideal de santidad,
Espejo de justicia,

Morada de la sabiduría,
Causa de nuestra alegría,
Vaso espiritual,
Vaso digno de honor,
Vaso de insigne devoción,
Rosa mística,
Fuente como la torre de David,
Hermosa como torre de marfil,
Casa de oro,
Arca de la nueva Alianza,
Puerta del cielo,
Estrella de la mañana,
Salud de los enfermos,
Refugio de los pecadores,
Consuelo de los migrantes,
Consoladora de los afligidos,
Auxilio de los cristianos,
Reina de los ángeles,
Reina de los patriarcas,
Reina de los profetas,
Reina de los apóstoles,
Reina de los mártires,
Reina de los confesores,
Reina de las vírgenes,
Reina de todos los santos,

Reina concebida sin pecado original,
Reina asunta a los cielos,
Reina del Santísimo Rosario,
Reina de la familia,
Reina de la paz.

Cordero de Dios, que quitas el pecado del mundo,
perdónanos, Señor.
Cordero de Dios, que quitas el pecado del mundo,
escúchanos, Señor.
Cordero de Dios, que quitas el pecado del mundo,
ten misericordia de nosotros.

Bajo tu amparo

Bajo tu amparo nos acogemos,
Santa Madre de Dios;
no deseches las súplicas
que te dirigimos en nuestras necesidades;
antes bien, líbranos siempre de todo peligro,
¡oh, Virgen gloriosa y bendita!

Índice